T0197311

THE
SECRET
OF THE
WORLD

THE
SECRET
OF THE
WORLD

이 세상의 비밀

PAUL KYU KIM

iUniverse®

THE SECRET OF THE WORLD
이 세상의 비밀

iUniverse books may be ordered through booksellers or by contacting:

iUniverse
1663 Liberty Drive
Bloomington, IN 47403
www.iuniverse.com
1-800-Authors (1-800-288-4677)

ISBN: 978-1-5320-7180-5 (sc)
ISBN: 978-1-5320-7179-9 (e)

Library of Congress Control Number: 2019903562

Print information available on the last page.

iUniverse rev. date: 04/09/2019

If I have the gift of prophecy and can fathom all mysteries and all knowledge … but have not love, I am nothing. (1 Corinthians 13:2)

내가 예언하는 능력이 있어 모든 비밀과 모든 지식을 알고 … 사랑이 없으면 내가 아무 것도 아니요. (성경 고린도 전서 제 13장 2절 말씀)

About the Author—저자 소개

Paul Kyu Kim—김 판규

BA in economics, Yonsei University—연세대학교 경제학사

MDiv in theology, Reformed Presbyterian Seminary—개혁 장로회 신학교 신학석사

Missionary in Uzbekistan—우즈베키스탄 선교사역

MDiv in missiology, Southern Baptist Theological Seminary—남침례교 신학교 선교학 석사

Paulkyukim1@gmail.com

Contents

Chapter 1

HISTORY PROVES THE BIBLE
IS TRULY THE WORD OF GOD

성경이 진실로 하나님의 말씀임을
입증하는 인류의 역사

Language and History
언어와 역사

Human history shows us that the Bible is truly the Word of God. Language and history are related, so by studying both, we can learn what really happened in history and see that the Bible is true.

인류의 역사가 만일 그 일어난 사실 그대로 고찰되어 지면, 성경이 진실로 하나님의 말씀임을 입증합니다. 언어와 역사는 연관되어 있습니다. 그러므로 둘을 같이 연구함으로써, 우리는 실제로 역사상 일어났던 일들을 더욱 분명히 알 수가 있고, 이 지식은 성경이 진리임을 입증합니다.

Human history starts with Noah. Many human beings, animals, and plants existed on earth before Noah, but only Noah's family and the animals they had with them survived the deluge. Plants, animals, and sea creatures were killed and buried, and over the years, they turned into coal and oil. The relics of humankind before Noah's deluge come from the Old Stone Age, which seemed to have lasted millions of years. Human relics after the deluge come from the New Stone Age.

인류의 역사는 노아에서 부터 시작합니다. 물론 노아 이전에도 많은 사람들, 동물들, 어류들 및 식물들이 지구상에 존재하였습니다. 그러나, 노아의 홍수로 말미암아서 노아의 가족을 제외한 모든 것이 멸망하였습니다. 땅에 파묻힌 식물들은 석탄이 되었고, 땅에 뒤덮힌 동물들과 어류들은 석유가 되었습니다. 노아홍수 이전의 인류의 자취는 구석기 시대라고 불리우며, 미증유의 대 홍수격변으로 만들어진 엄청난 변화로 인하여서 수백만년전의 것으로서 보이게 합니다. 노아홍수 이후의 인류의 자취는 신석기시대라고 불리웁니다.

Noah had three sons, Shem, Ham, and Japheth. After the flood, Shem's children went to the East, and Asians are predominantly his descendants. Ham's children spread to Africa through Egypt (Gen. 10:6), and Africans spread throughout that continent. Japhet's descendants went to the West and spread through what is now Europe (Gen. 10:5). Of course, they became mixed up over time. For example, the Indian people were originally Ham's children in the land of Shem's children, but they were conquered by many invaders including the Persians (Shemtic), Alexander the Great (Japhetic), and Genghis Khan (Shemtic). We can say that Asians are predominantly Shemtic, Africans are Hamtic, and Europeans are Japhetic.

　노아에게는 셈, 함, 야벳의 세 아들이 있었습니다. 노아홍수 이후에 셈의 자손은 동쪽으로 갔습니다. 아시아인들은 주로 셈의 후손들입니다. 함의 자손들은 이집트를 거쳐서 아프리카로 번져 갔습니다 (창 10:6). 아프리카인들은 정글과 해변을 통하여서 온 아프리카로 퍼져 나갔습니다. 야벳의 후손들은 서쪽으로 가서 해변을 통하여서 오늘날의 유럽으로 퍼져나갔습니다 (창 10:5). 물론 그들은 서로서로 섞였습니다. 예를 들어서, 인도사람들은 원래가 셈자손들의 땅에 살고 있던 함자손들이었습니다. 그러나, 그들은 페르시아제국 (셈계통), 알렉산더 (야벳계통), 및 징기스칸 (셈계통) 등 많은 침입자들에 의해서 정복을 당하였습니다. 그럼에도 불구하고, 우리는 대체로 아시아인들은 셈계통, 아프리카인들은 함계통, 그리고 유럽인들은 야벳계통이라고 말할 수있습니다.

　The distinctive feature of the Shemtic languages is that the verb comes at the end of sentences. The prideful descendants of Shem developed honorific expressions.

　In a sentence, the verb plays the most important role as it contains the greater part of its meaning; changing verbs can easily change the meaning of a whole sentence. Shemtic people, who are proud, hypocritical, and manipulative due to Noah's blessing, put the verb at the end of a sentence so they could change the meaning of what they were saying at the last second according to the situation. However, the Hamtic people, who have lived lowly lives due to Noah's curse, have had to report directly and clearly before lords; manipulating the meaning of sentences could have resulted in their deaths. That meant they had to speak the verb first and thus make what they said clear and succinct from the start. And they did not have honorific expressions in their languages.

셈계통 언어들의 뚜렷한 특징은 동사가 가장 나중에 나오는 것입니다. 그리고, 셈의 후손으로서의 긍지는 그 언어에 경어를 많이 발전시켰습니다. 문장에서 동사는 그 의미의 대다수를 내포하며, 가장 중요한 역할을 합니다. 이것은, 우리가 동사를 바꿈으로써 쉽게 그 문장 전체의 의미를 바꿀 수 있다는 것을 의미합니다. 셈계통 사람들은 노아의 축복으로 인하여서 자신만만하고, 위선적이며, 조작적인 사람들로서 상황에 따라서 그들이 말하는 것의 의미를 조작하려고 동사를 가장 나중에 말해왔습니다. 그러나, 함계통 사람들은 노아의 저주로 말미암아서 천한 삶을 살아 왔으며, 주인들 앞에서 똑바로 명백하게 보고하여야만 해왔습니다. 조작은 그들에게 죽음을 의미해 왔습니다. 그래서, 그들은 동사를 먼저 급히 말하여서 그들이 아뢰려는 것을 분명하고 간결하게 하여왔던 것입니다.

Europeans say, "I eat an apple," but Asians say, "I apple eat." Japanese, Korean, Dari, all the Turkish languages such as Uzbek, and all the Farsi languages including Iranian and Tajik have the verb at the end. Chinese is the exception; Cantonese and Mandarin seem to have been influenced by European languages in the south and especially during the Tang and

Song Dynasties, which established a Chinese culture that emphasized the southern, European influence and avoided the northern, Shemtic, and military one. Yang Kueifei (楊貴妃), the Western concubine of the Tang Dynasty's one king, Hunjong, is famous.

유럽인들은 "나는 먹는다 사과를"이라고 말합니다. 그러나 아시아인들은 나는 사과를 먹는다"라고 합니다. 예를 들어서 일본, 한국, 아프칸 다리어 그리고 우즈벡어같은 터어키어 그리고 이란어나 따직어 같은 파르시어가 그렇습니다. 중국어는 예외적입니다. 제 생각으로는 만다린이나 칸토니즈 같은 중국어 들은 남쪽으로 부터 유럽어의 영향을 많이 받았습니다. 특히 중국의 문화를 만든 당나라와 송나라는남쪽 (즉 유럽) 의 영향을 강조하고 셈적이고 군사적인 북부의 영향을 피하였습니다. 당나라 헌종의 서양왕비 양귀비는 유명합니다.

But Buddhism played an important role in that it heavily influenced the Tang Dynasty. I surmise that the language changed into one similar to that of India, the suzerain state of Buddhism.

그러나 이 가장 중심에는 불교가 있습니다. 당나라는 불교의 영향을 지대하게 받았습니다. 그래서 그 말도 불교의 종주국인 인도처럼 변한 것이 아닌가하는 추측을 해봅니다.

Greek and Latin, the most representative European languages, have verbs at the front and at the end of sentences.

The *Langenscheidt Latin Pocket Dictionary* says in the section "Some Remarks on the Latin Language,"

Latin is one of several Italic languages, the most important of the others being Oscan—spoken by the Samnites, Campanians, Apulians, Lucanians, and other peoples of central and southern Italy—and Umbrian.

Thus, Samnites played an important role in establishing Rome, from which the Latin Empire developed. Moreover, the Persian language influenced the Greek language, and the Greek language influenced the Latin language.

그럼 유럽어의 가장 대표적인 헬라어와 라틴어는 왜 그 동사가 앞에도 오고 뒤에도 오는가 하는 분이 계실 것입니다. *Langenscheidt* 포켓 사전에 보면 '라틴어에 대한 약간의 고찰'이라는 그 전반부에 이렇게 기록되어 있습니다. 1. 라틴어는 여러 이탈리아 언어중의 하나이다. 다른 주요언어가 오스칸과 움브리안이다. 오스칸어는 삼족속 (Samnites), 캄판족속 아풀족속 루칸족속 및 중부와 남부 이탈리아 사람들에 의해서 사용되어졌다. 이처럼 삼족속이 라틴제국이 배태되어져 나온 로마의 형성에 주요한 역할을 한 것입니다. 더욱이 헬라어는 페르시아 제국의 영향을 많이 받았고 라틴어는 헬라어의 영향을 많이 받았습니다.

The word *Samnites* comes from the combination of Samn (Shem) + i (man as in Pakistani, Afghani, Uzbeki, etc.) + te (plural as in Israelite, Hivite, Amalekite, Amorite, etc.) + s (the English plural ending).

Hebrew does not have "te" in these words. English people add "te" due to the influence of the German language. But in Korean, it is the plural suffix because Korean also uses the suffix "te" (떼) to mean "many" or "group." Shemtic people were perhaps leaders of the Latin-speaking people and thus heavily influenced that language and gave it Shemtic grammar, which has the verb at the end. Most of Italians have black hair.

삼족속 (Samnites) 이라고 함은 Samn (Shem) + I (사람 즉 파키스타니, 아프카니, 우즈베끼 등과 같이) + te (복수형 '들' 이스라엘 사람들 Israelite, 히위사람들 Hivite, 아말렉사람들 Amalekite, 아모리사람들 Amorite 등) + s (영어의 복수 접미사) 입니다. 히브리어 원어에는 이 말들에 "te" (떼) 가 없습니다. 영어권의 사람들이 독일어의 영향으로 "te"를 붙였습니다. 그러나 한국어의 도움으로 저는 "te"가 복수접미사임을 알 수가 있었습니다. 왜냐하면 한국어 역시 "떼 te" 를 많은 사람들이나 집단을 의미하는데 사용하기 때문입니다. 이처럼, 셈족속이 로마와 라틴제국에 큰 영향을 미쳤습니다. 제 생각에는 셈족속이 야벳 사람들을 다스리면서 로마와 라틴제국을 만들었다고 봅니다. 그것이 왜 라틴어가 동사가 뒤로 나오는 셈족의 문법을 가졌는가하는 이유입니다. 대부분의 이태리 사람들이 검은 머리를 가지고 있습니다.

The words *sh (s) em*, *sh (s) am*, *'sh (s) an*, *sh (s) en*, *sh (s) in*, *sh (s) im*, etc. are all derived from Shem, Noah's first son. For example, Sen + a (person) + te (plural suffix) was the conqueror Shemtic people's political meeting. Cen + turion was the commander (of course, the conquering Shemtic people). Sem + inar was a class (Shemtic people liked to talk rather than do physical work). San + skrit was the ruling (Shemtic) people's language in India. Sham(Shem) + an(persons) came out of Shemtic people's religious deception of taking advantage of Noah's blessing.

In Chinese, shan (山) means "mountain" because Shem's descendant went to the East to the mountainous areas. Shen + sheng (先生) means "teacher." Shen + bi (鮮卑) means "scholar." Shin (神) means "god," and Shin + shen (神仙) means "guru." Sem (샘) means envy in Korean because the Shemtic people are envious due to their pride. Shem received Noah's blessing, and this is why Asians are proud people who cherish their reputations and abhor shame.

All the world's religions came out of Asia. China's huge population, Japan's economic wealth, and Korea's religiosity are all due to Noah's blessing.

셈, 삼, 산, 센 신 등 이 모든 말들이 다 셈 (노아의 첫째 아들) 을 가리킵니다. 예를 들어서 원로원인 Senate은 Sen + a + te 로서 셈 + 사람 + 들 이며, 정복자 셈사람들의 통치 기구였습니다. 백부장 Centurion은 Cen + turion 으로 정복자 셈족의 사령관이었습니다. Turion의 turi 와 training의 trai는 같은 어원입니다. 즉, 훈련 시키는 사람입니다. 세미나 Seminar는 Sem + inar 이며 셈족속이 가르치는 수업을 말합니다. 셈사람들은 육체노동보다는 앉아서 가르치는 것을 좋아했습니다. San + skrit는 인도에서 지배민족인 셈족의 언어를 말합니다. Sham (shem, 협잡) 혹은 shaman (무당 sham + an 사람) 이라는 말은 노아의 축복을 악용하는 셈사람들의 종교적인 사기를 말합니다. 중국어로 산은 셈족속의 후손들이 동쪽으로 산악지대로 간 것에서 나온 말이며, 선생, 선비,

신, 신선, 등 다 셈에서 나온 말입니다. 샘은 한국어로 시기를 의미하는데 셈족사람들은 그 자부심으로 시기 질투를 합니다. 셈은 노아의 축복을 받았는데 이것이 왜 아시아 사람들이 자부심이 강하며 체면의식이 강하고 수치를 혐오하는가하는 이유입니다. 세계의 모든 종교는 다 셈족 즉, 아시아인들에서 비롯되었으며, 중국의 많은 인구, 일본의 경제적인 부, 및 한국의 강한 종교성은 다 노아의 셈에게 준 축복에 의한 것입니다.

Hebrew and Arabic are the most representative of the Semitic or Shemtic languages. Abraham's ancestors had lived in Ur in the Chaldees. Ur was in southern Mesopotamia and was known as the Sumerian city. *Sumer* or *Sumerian* in history refers to Shinar in the Bible. The Bible says that Nimrod, Ham's grandson and a mighty hunter, built his vast kingdom and centered it in the land of Shinar before Noah's curse was fully activated. Nimrod exercised Ham's excellence, which caused him to become arrogant and despise his father, Noah. For example, Africans have the tallest people including the Masai of Kenya, who have big eyes.

For generations, Abraham's family lived in a Hamtic civilization, and their language might have been influenced by the Hamtic language. My daughter speaks Korean but uses English grammar. The Israelites lived in Egypt for over four hundred years, and Ismael married an Egyptian woman. Generation after generation, Ismaelites married Egyptian women. These are some of the reasons Hebrew and Arabic have European, which was originally Egyptian, grammar. Thus, Hebrew and the Arabic were combinations of Shemtic words with Hamtic grammar.

One day, I asked a Kenyan student about the grammar of Swahili, the representative African, i.e., Hamtic language. He said that it is generally subject + verb + object. Thus, Hebrew and Arabic are not Semitic languages but Hamtic languages. Because the Israelites lived for four hundred years in Egypt, the land of Ham, Hebrew has this same subject + verb + object pattern.

여러분들 가운데는 그럼 가장 대표적인 세미틱 (셈족의) 언어인 히브리어와 아랍어는 어떠한가 물으실 것입니다, 아브라함의 가족은 그 조상때부터 갈데아 우르에서 살았습니다. 우르는 메소포타미아의 남부에 있었고, 수메르라고 알려져 있습니다.

수메르는 성경의 시날을 의미합니다. 성경은 함의 손자요 주님 앞에 큰 용사이며 막강한 사냥꾼이었던 니므롯이 시날평원을 중심으로 거대한 왕국을 세웠다고 말합니다. 노아의 저주가 완전히 실행되기 전에 이처럼 니므롯은 함 족속의 탁월성 (이 때문에 교만하여져서 아버지 노아를 멸시한) 을 발휘하였습니다. 아프리카 케냐에는 이 세상에서 가장 키가 큰 사람들이며 또한 큰 눈을 가진 맛사이 부족이 있습니다. 이처럼 아브라함의 가족들은 조상 대대로 함의 문명권안에서 살았습니다. 이때, 그들의 언어가 함 족의 영향을 받았을 수가 있습니다. 제 딸은 한국어 단어를 영어 문법에 맞추어서 말합니다. 더욱이 이스라엘 사람들은 400년 이상을 이집트에서 살았습니다. 이스마엘은 이집트여인과 결혼하였고. 대대로 그 자손들을 위해서 이집트여인들을 데려와서 혼인을 시켰습니다. 이것이 왜 히브리어와 아랍어가 유럽어, 원천적으로는 이집트어와 같은 문법을 가지는가하는 이유입니다. 이처럼 히브리어와 아랍어는 셈족의 단어와 함족의 문법의 합성어 (크레올) 인 것입니다. 어느날 저는 한 케냐학생에게 가장 대표적인 아프리카 언어이요 또 가장 대표적인 함족의 언어인 스와힐리언어의 문법을 물어보았습니다,. 그는 그것이 주어 +동사 + 목적어라고 말해 주었습니다. 이처럼 히브리어와 아랍어는 셈족의 문법이 아니라 함족의 문법입니다.

Aramaic is a Shemtic language. In Genesis 31:47, Laban had some stones gathered and piled in a heap and called it Jegar Sahadutha, Jagal Sahadutha in modern Korean.

차라리 아람어는 셈족의 언어입니다. 성경 창세기 31장 47절에 보면 라반이 돌무더기를 쌓고서는 그것을 여갈사하두다'라고 불렀습니다. 이말은 우리말로 자갈쌓아두다 이말인 것입니다.

I am not familiar with American Indian languages, but I guess that those languages also have the verb at the end because they are Shemtic peoples. When I visited Wycliffe Bible Translators, I learned the grammar of one Peruvian Indian language, and it has the verbs at the end of a sentence. Just as many Americans emigrated from Europe, many American Indian tribes came to the American continent at different times. Among these migrants were people from the Mongolian Empire, whose people came to the cold northern parts of North America. Genghis Khan put people to death by freezing them. Words such as *gang, gangrene, monkey, mongrel,* and *Canada* (originally *khanate,* Khan's territory) came from Genghis Khan's Mongolia. The exiles who survived the cold after crossing the Bering Strait were the ancestors of the Eskimos, and their descendants who migrated south became the American Indians, who have blue Mongolian spots on them that usually disappear as they grow up.

저는 아메리카 인디언들의 말을 모릅니다. 그러나 저는 그들의 말이 동사가 가장 뒤에 나오는 말이라고 추측합니다, 왜냐하면 그들도 셈족속이기 때문입니다. 제가 위클리프 성경번역선교회를 방문하였을 때에 저는 페루에 있는 한 인디안 부족의 문법을 알 수가 있었는데 그것은 제 가설대로 동사가 가장 나중에 나오는 것이었습니다. 백인 미국 사람들이 수차에 걸쳐 미국으로 이민 왔던 것처럼, 아메리카 인디안들도 그 훨씬 전에 수차에 걸쳐 아메리카 대륙으로 왔던 것입니다. 그들 중 많은 수가 몽고 제국 시대에 미국 땅으로 건너왔습니다. 몽고 제국 사람들은 불순 분자들을 북쪽으로 즉 얼음 땅으로 추방하여 버렸습니다. 얼음위에서의 동사나 동상이 징기스칸이 사용한 벌입니다. *Gang* (깡패), *gangrene* (얼음위에서 살이 썩는 것), *monkey* (원숭이), 및 *mongrel* (잡종) *Canada* (*khanate*, 칸의 영토) 등의 말은 징기스 칸이나 몽고에서 나온 말입니다. 추방된 사람들은 얼음위에서 생존투쟁을 벌였습니다. 많은 수가 에스키모가 되었고, 그들 중 일부는 간신히 베링 해협을 건너서 미국 땅으로 왔고,남쪽으로 퍼지면서 아메리카 인디안이 되었습니다. 아메리카인디안들은 그 몸에 몽고 반점이 있습니다.

We know the historical relationship between York and New York or Amsterdam and New Amsterdam. Similar relationships might exist between Kansas and Arkansas in the migration of American Indians in America.

Matthew 2:23 says, "And he came and dwelt in a city called Nazareth: that it might be fulfilled which was spoken by the prophets, He shall be called a Nazarene [man of Nazareth]." However, we do not know what this verse means because the Old Testament does not have a verse that says, "He shall be called a Nazarene [man of Nazareth]." However, in the Bible in Arabic (which is almost the same language as Hebrew) the meaning is clear; the Old Testament calls the Messiah the descendant of Abraham and David; in Arabic, Nazareth means "descendent." So Arabic people read this verse, "And he went and lived in a town called Descendent." This fulfilled what was foretold by the prophets, "He will be called a Descendant (man of descendent)." In fact, Matthew 1 starts with, "The book of the generation of Jesus Christ, the son of David, the son of Abraham."

우리는 욕과 뉴욕, 암스테르담과 뉴 암스테르담의 역사적인 관련성을 알고 있습니다. 비슷한 관계가 미국 대륙내에서 아메리카 인디안들이 이동하는 과정에서 칸사스와 알칸사스에서 일어났을 수도 있습니다.

마태복음 2:23은 "나사렛이란 동네에 가서 사니 이는 선지자로 하신 말씀에 나사렛 사람이라 칭하리라하심을 이루려 함이러라."하고 말씀하십니다. 우리는 이구절의 의미를 모릅니다, 왜냐하면 구약에는 "그는 나사렛사람이라 불리우리라"는 구절이 없기 때문입니다. 그러나, 아랍어 (히브리어와 거의 같은 언어인) 성경에는 그 의미가 분명합니다. 구약에서는 메시아를 후손이라고 부릅니다. 아브라함과 다윗의 후손 (자손). 아랍어에서 나사렛은 ‘조상으로 부터 전해오는’을 의미합니다. 따라서, 아랍사람들은 이 성경 구절을 이렇게 읽습니다: 그는 ‘조상으로 부터 전해오는, 세습의’이라고 불리우는 마을에 가서 살았으니 이는 그가 ‘후손’이라고 불리울 것이다 라는 성경말씀이 이루어 진 것이다. 사실상, 마태복음은 이렇게 시작합니다: 아브라함과 다윗의 자손 예수 그리스도의 세계라.

Mark 5:41 says, “And he took the little girl by the hand, and said unto her, Talitha cumi,” “Little girl, I say unto thee, arise.” In modern Arabic, *cumi* means “arise.” So, the Arabic people read this verse, “Talitha, arise,” or “Little girl, arise.” Thus, modern Arabic is similar to biblical Aramaic as well as biblical Hebrew. In modern Arabic and biblical Hebrew, the name *Rahab* (the prostitute of the city of Jericho in Joshua 2) means “welcomer,” i.e., “prostitute.”

마가복음 5:41은 말합니다, “그 아이의 손을 잡고 이르시되 달리다굼 하시니 번역하면 곧 내가 네게 말하노니 소녀야 일어나라 하심이라.” 현대 아랍어에서 ‘굼’은 일어나라를 의미합니다. 따라서 아랍사람들은 이 구절을 다음처럼 읽습니다. “그 아이의 손을 잡고 이르시되 달리다 일어나라 하시니 번역하면 곧 내가 네게 말하노니 소녀야 일어나라 하심이라.” 이처럼, 현대 아랍어는 성경 아람어와 또한 성경 히브리어와 유사성을 갖습니다. 현대 아랍어와 성경 히브리어에서 ‘라합’ (구약 여호수아서 제 2장에 나오는 여리고 성의 기생)은’ 환영하는자’ ‘받아들이는 자’ 즉 ‘창녀’를 의미합니다,

The Bible says that God blessed Abraham to be the forefather of all nations. Christians, Jews, and Muslims acknowledge him as their forefather. What about Hindus? The word *Brahmin* came out of Abraham; it comes from Brahm + in, the people of Abraham. As in Genesis 25:6, sons of Abraham's concubines migrated to India, conquered the indigenous people, established the caste system, and imposed the Hindu religion to stabilize their social position. Thus, Abraham is the forefather of even Hinduism.

In Chinese, bum (범,凡) means "all," "every," "broad," "general," "wide," "common," "ordinary" and comes from the word *Abraham*. The Greek word *pan*, which means "all' as in "Pan-American" also came from the word *Abraham*. Thus as the Lord promised, Abraham's influence reached Christians, Jews, Muslims, Hindus, Chinese, and Greeks. I guess linguistically as well.

성경은 말씀하시기를 하나님께서 아브라함을 축복하셔서 모든 민족의 조상이 되게하셨다고 하셨습니다. 기독교, 유대교, 및 회교가 아브라함을 그들의 조상으로 인정합니다. 힌두교는 어떻습니까? 힌두교의 최고 계급인 '브라민'이라는 말자체가 아브라함에서 나왔습니다. 그것은 (아) 브람 + 인 (사람) 을 의미합니다. 즉, 아브라함의 사람들이라는 의미입니다. 창세기 25:6의 기록 처럼 아브라함의 서자들이 동쪽 즉 인도 땅으로 이동하여서 그곳의 현지인들을 정복하고 카스트제도를 만들어서 힌두교를 강요하여서 그들의 사회적인 지위를 견고케 하려고 하였습니다. 이처럼 아브라함은 바로 힌두교의 조상도 되는 것입니다.

중국어로 범 (凡) 은 '모든, 넓은, 일반적인, 보통의'
의 뜻을 갖고 있습니다. 이 말은 아브라함에게서 온
말입니다. 희랍어의 *pan*도 역시 아브라함에게서 온
말입니다. 이처럼 주님께서 약속하셨듯이 아브라함의
영향력은 기독교인, 유대인, 회교도, 힌두교도, 중국인,
그리이스 제국에게 미쳤습니다. 물론 언어적으로도
영향을 주었습니다.

The Persian Empire, the Shemtic Empire, consisted of two
nations, Medes and Parsa. Per ("two" as in "pair" in English)
+ si (Shemtic as in aSIa) + a(area) means two Shemtic nations.
Its symbol was the blue color we see in old buildings of the
Persian Empire. In the old days, nations often symbolized
themselves by colors. Turquoise was the Ottoman Turkish
Empire's color. The last dynasty of the China was the Ch'ing
Dynasty, and ch'ing means "blue."

페르시아제국은 셈족의 제국이었습니다. 그것은
두나라로 구성되었었는데 메데와 바사입니다. 페르 (둘,
영어의 pair 한 쌍) + 시 (셈족의, 아시아에서 처럼) +아
(지역) 는 두 셈족국가를 의미합니다. 페르시아 제국의
상징은 청색이었습니다. 우리는 이것을 페르시아 제국의
고대 유물 건물들에게서 볼 수가 있습니다. 고대에는
국가를 상징하는 데에 색깔을 사용하였습니다. 청록색은
오스만 터키제국의 색깔이었습니다. 중국의 마지막
왕조인 청나라의 청은 푸를 청자 즉 파란 색이었습니다.

The Persian Empire was famous for its vast area. In
Esther 1:1, we read, "This is Ahasuerus which reigned, from
India even unto Ethiopia, over an hundred and seven and

twenty provinces." The Persian Empire's influence was vast as well. The words *Paris, Prussia,* and even *Russia* have Persian influence. The words *Pharisee, perish,* and the Greek word *parousia,* "presence," come from the word *Persia* too.

From Afghanistan's Dari, the rulers' and the official language of the Persian Empire, comes the meaning of the name of the former president of France, Mr. Chirac—"lamp." The word *Dari* has the same origin as does Darius, a king of the Persian Empire.

Russian shows the influence of the Persian Empire in that the verb can come in the front or at the end of a sentence. Even in Africa, there is a tribal group named Insan. It shows the Shemtic influence through the Persian Empire, which ruled Africa too. The Berber people of Africa have kept one tradition of wearing blue cloth, a Persian influence as that was the color of the Persian Empire. The color of the Roman Empire was red, which shows Buddhism's influence on it through the Persian Empire.

페르시아제국은 굉장히 넓은 지역을 다스렸습니다. 에스더서는 '아하수에로는 인도로부터 구스까지 백이십칠 지방을 다스리는 왕이라 (1:1) 라고 기록하고 있습니다. 페르시아 (Persia) 제국의 영향력은 방대하였습니다. 빠리 (Paris), 프러시아 (Prussia), 러시아 (Russia) 조차 페르시아 (Persian) 의 영향력을 보여 주고 있습니다. 바리새인 (Pharisee), 멸망하다 (Perish), 그리고 희랍어인 현존 (Parousia) 이 이 페르시아 (Persia) 라는 말에서 역시 나왔습니다. 아프카니스탄어인 다리어는 페르시아제국의 왕실언어이자 공용어였는데 프랑스의 전 대통령 치락 (Mr. Chirac은 다리어로 램프 (lamp)

를 의미합니다. 이 '다리'라는 말은 페르시아 제국의 왕이었던 다리우스와 같은 어원을 갖고 있습니다. 러시아어는 페르시아어의 영향을 보여 주는데 동사가 앞으로도 올 수가 있고 뒤로도 올 수가 있습니다. 아프리카에는 인산 (Insan) 이라는 부족이 있는데 이것은 아프리카를 다스린 페르시아제국을 통한 셈족의 영향을 보여줍니다. 아프리카의 베르베르 족은 한 전통을 지켜왔는데 그것은 파란 천을 벽장 깊숙히 간직하는 것입니다. 이것은 페르시아 제국의 영향을 보여 줍니다. 파란 색은 페르시아제국의 상징이었으며 이 파란 천을 벽장에 간직하는 것은 페르시아제국 전통의 남은 유물인 것입니다.

After Alexander the Great destroyed the Persian Empire, Persians fled to the East and established the Chin Dynasty in China in 221 BC. The modern name *China* came from it. Of course, many tribal countries existed in China before the Chin Dynasty, but that dynasty is considered the first nation in Chinese history. It established the rule of emperors; it forcefully standardized the languages and imposed Mandarin on people. The word *Mandarin* means man (I) + Dari + in, that is, "I am a person from Dari" according to modern Dari.

The Chin Dynasty constructed the Great Wall, something that could not be accomplished by anything other than an empire mentality. The word *Chin* (jin) was the name of a Persian god, and the word *jin* has spread around the world. The English word *gene* derives from it.

Of the two nations of the Persian Empire, Mede and Persia, Mede ran away into what is now Mongolia, and Persia went to what is now China and built the Chin Dynasty, which built the Great Wall to keep from being invaded by the Mongols, the descendants of Mede.

페르시아 제국이 그리이스의 알렉산더 대왕에게 패했을 때에, 페르시아인들은 동쪽으로 달아나야만 했습니다. 그들은 기원전 221년에 진나라를 중국 땅에 세웠습니다. 오늘날의 China라는 명칭은 이 진 (China) 에서 온 것입니다. 물론 진왕조 이전에도 중국에는 많은 부족국가가 있었습니다. 그러나, 진왕조가 중국역사에서 최초의 국가로 인정되고 있습니다. 진나라는 황제의 지위를 세웠으며, 사람들에게 강제로 만다린을 표준언어로 강요하였습니다. 만다린이라는 말은 현대 다리어로는 '만' (나) + '다리' + '인' (사람) 이라는 뜻으로 즉, '나는 다리사람입니다'라는 말입니다. 진왕조는 만리 장성을 세웠는데 이것은 달에서 볼 수있는 지구상의 오직 유일한 인공구조물입니다. 이처럼 이 만리 장성은 부족국가가 세울 수가 있는 것이 아니고 오직 제국의 경험과 사고를 가진 국가 만이 할 수가 있는 일입니다. 진이라는 말은 페르시아 제국의 신의 이름이었습니다. 이렇게 진이라는 말은 세상에 퍼졌고, 영어의 gene도 그 하나입니다. 페르시아의 두 나라인 메데와 바사 중에서 메데는 몽고지역으로 갔고 바사는 중국 지역으로 가서 진나라를 세웠는데 바사인 진은 메데의 후손인 몽고의 남진을 막으려고 만리장성을 쌓았습니다.

Persians moved even into the Korean peninsula and founded three countries there—Kokuryo, Baekdge, and Shila. Kokuryo means "highland" in modern Dari. I think Baekdge came from "the people from Bactria," the Persian Empire's largest province.

The word *Uzbek* of Uzbekistan comes from uz or oz, which means "from" in modern Dari + bek, Bactria. In Russian the word *from* is "iz." Shilla (Sheila in modern English) was a famous Persian queen as Victoria was in England. So when the country Shilla was first formed, its rulers were queens. Later, many people of influence including Kim Chunchoo and Kim Yooshin in Shilla took Kim as their last name because its Chinese pronunciation was jin; it showed that they were the descendants of jin China.

페르시아인들은 더욱 동진하여서 한반도에 고구려, 백제 신라를 세웠습니다. 현대 다리어로 고구려는 고산악지대를 의미하며, 백제라는 말은 제 생각에 '박트리아 (페르시아제국의 큰 주) 에서 온 사람들'을 의미합니다. 현대 다리어로 우즈베키스탄의 우즈벡이란 말은 우즈 (uz or oz 어디 어디 에서 from) + 벡 (박트리아) 을 의미합니다. 러시아말로 어디 어디에서 (from) 는 이즈 (iz) 입니다, 신라 (실라, Sheila) 는 페르시아 제국의 유명한 여왕의 이름이었고 (마치 영국의 빅토리아 여왕처럼), 그래서 신라나라는 그 전반부에 여러 여왕을 두고 있었습니다. 따라서 여자 이름 Sheila는 신라와 어원이 같습니다. 후일 신라의 많은 유력자들이 (김 유신, 김 춘추 등) 중국발음으로는 진인 김씨 성을 가졌습니다. 이는 중국 진나라의 후손임을 나타내는 행동입니다.

There are many similarities between Korean and Dari as there are between Arabic and Russian and Arabic and English. Further, the English word *yes* came from Iesous (Jesus), and il ("he" in French and "the" in Spanish) came from ilohim, elohim, or illa (God) in Arabic and Hebrew.

The Japanese word for "goodbye" is *sayonara*, "I will see you later" in Arabic.

The name Tokugawa, who unified Japan for the first time, means "to strengthen" in Arabic. The old pure Korean word for the magistrate of a country is *saddo*. Through Arabic, I found that it has the same origin that the word *Sadducee* in the Bible has. In Chinese, sado (사도, 使徒) means "apostle." The French word *chateau* refers to a ruler's castle.

한국어와 다리어는 공통점이 많습니다. 아랍어와 러시아어, 또 아랍어와 영어도 그러합니다. 영어의 '예 (yes)' 는 예수스 (Iesous, Jesus) 에서 온 말이며, 프랑스어의 그인 il 과 스페인어의 el은 아랍어의 ilohim, elohim 혹은 illa (하나님) 에서 온 말입니다. 일본어로 작별인사가 ' 사요나라'인데 이 말은 현대 아랍어로 '나는 나중에 또 너를 보리라. See you later.'라는 말입니다. 일본을 최초로 통일한 '도꾸가와'는 현대 아랍어로 '(힘을) 돋꾸다' 라는 말입니다. 과거에 한국에서 통치자를 사또라고 하였습니다. 아랍어의 지식에 의하면 이 한국의 사또는 성경에 나오는 사두개인과 같은 어원입니다. 중국어 사도 (使徒) 도 같은 어원이요 프랑스어의 샤또 (사또가 사는 성) 도 그러합니다.

Don Richardson discussed the "peace child" concept of a tribal people in Papua New Guinea whereby a tribe would give a child to another tribe to establish peace between the tribes.[1] However, tribal people did not spring out of the earth; they were the descendants of people who took hostages during

---

[1] Don Richardson, *Peace Child* (Bloomington, Minnesota: Bethany House, 2007).

wars when they lived on the continent before migrating to Papua New Guinea.

단 리찰슨은 파푸아 뉴기니의 한 부족사람들 중에서 평화의 아이 개념을 발견하였습니다. 그 부족사람들은 마치 땅에서 솟아난 사람들이 아닙니다. 그곳으로 피해 들어가지 전에 그들의 조상들은 이미 전쟁에서 인질을 사용하였습니다. 그렇기 때문에 그 부족사람들은 인질 (평화의 아이) 을 사용할 줄을 알았습니다.

Korean people say, "Am," "Amun," or "Hamun" when they agree with something. Moslem Uzbek people say even "Amen," which is exactly the same as in the Bible. Though Uzbek people have been ruled for a long time by the Russians, they thought that the Russian word *amin* was only a Russian religious word; they did not realize it was the same as their word *amen.*

한국 사람들이 동의할 때에 사용하는 암, 아문, 하문은 성경의 아멘과 같은 어원입니다. 회교도인 우즈벡 사람들은 아예 '아멘'이라고 성경과 꼭같이 말합니다. 오랜 세월 동안 러시아사람들에 의해서 지배를 당해왔지만 러시아인들의 아민 (amin) 은 러시아종교의 언어요 우즈벡 그들 자신의 아멘과 똑같은 말이었다는 것을 전혀 몰랐던 것입니다.

Many Muslim Uzbek people are named Yusuf, very similar to the biblical name Yoseph, while Russians have Yosif and English-speaking people have Joseph as forms of this name. Thus, all peoples are the descendants of Noah.

회교도 우즈벡사람들은 Yusuf라는 이름을 많이들 갖고 있습니다. 러시아 사람들은 Yosif라는 이름을 많이 갖고 있고, 영어권에서는 Joseph이라는 이름을 갖습니다. 이 중에서 회교도 우즈벡인들이 사용하는 Yusuf가 가장 성경원어인 Yosef에 가깝습니다. 이처럼 모든 사람들이 노아의 후손입니다.

When I read the Korean Bible for the first time, I did not know that the biblical word *Aden* (in the Korean Bible) referred to Athens, but I learned that later. The Bible came to have for me an intimate relationship with real human life and history.

필자가 처음 성경을 읽을 때에 필자는 한국 성경의 아덴이 아테네를 지칭하는 것을 몰랐습니다. 나중에 이 아덴이 바로 그리이스의 수도요 올림픽 게임이 처음 개최되었던 그리이스의 수도인 아테네라는 것을 알았을 때에 필자의 눈이 열렸습니다. 그때부터 성경은 필자에게 인류의 실제 삶과 역사와 밀접한 관계를 갖게 되었습니다.

Chapter 2

THE ORIGIN OF ISLAM
이슬람의 기원

When the Persian Empire conquered the Arabian Peninsula, Persians migrated there and named themselves after their king, Qoresh (Cyrus) as the Qoresh (people of Qoresh). Muhammad was an Arabian of Qoresh descent. The name *Muhammad* shows his Persian ancestry as well. Muha (maha or maho) means "big" or "great" like Mac or Mag in English names or maha of a supersonic jet plane. Med(es) was one of the two nations of the Persian Empire with Parsa, so Muhammad means the Great Mede.

페르시아 제국이 아라비아반도를 점령하였을 때에 페르시아 사람들이 그곳으로 이주하였습니다. 그들은 페르시아의 왕 코레시 (한국성경 고레스, 영어 성경 사이러스 Cyrus) 의 이름을 따서 스스로를 코레시 (코레시 부족) 라고 불렀습니다. 무하맛은 이 코레시계 (페르시아계) 아랍인이었습니다. 무하맛 (모하멧) 이라는 이름이 역시 그의 페르시아 혈통임을 보여줍니다. 무하 (마하 혹은 모하) 는 큰, 위대한 등을 의미하며,영어의 맥 (Mac) 이나 혹은 초음속 제트기의 마하를 의미합니다. 메드 (메데) 는 바사와 함께 페르시아제국의 두 나라 중의 한 나라였습니다. 이처럼 그의 이름은 '위대한 메데 (인) '인 것입니다.

In Muhammad's time, the Persian Qoresh people to which Muhammad himself belonged prevailed in and ruled over the area of Mecca, while Medina was an ordinary Arabian area. Muhammad began his ministry as a deity's messenger in Mecca. However, his own Qoresh people did not accept his message because they refused to give up their vested rights especially as the hosts of religions (Acts 19:19–25). In fact, they attacked Muhammad's monotheism. Muhammad could not endure their offense, so one day, he succumbed to a compromise; he acknowledged their idols by saying, "Have you thought of Lat and Uzza and Manat the third, the other? These are the exalted Gharaniq whose intercession is approved." Gharaniq referred to certain cranes that flew at a great height. The pagan Meccans, impressed by the splendor of these birds, described their goddesses by an analogous reference to them. This quote was originally recorded in Qur'an Surah 53.19–23, and was called the Satanic verse because Muhammad blamed Satan for his surrender. However, later, Muhammad replaced the so-called Satanic verse with, "Have ye seen Lat and Uzza and another, the third (goddess), Manat? What! For you the male sex, and for Him, the female? Behold, such would be indeed a division most unfair! These are nothing but names, which ye have devised."

　　무하맛의 시대에 무하맛 자신이 그 일원이었던 페르시아계 코레시 족속 사람들이

　　메카 지역을 차지하고 다스렸습니다. 메디나는 평범한 아라비아사람들의 지역이었습니다. 그러나 그 자신의 코레시 사람들은 그들이 누리고 있던 많은 기득권을 놓지 않으려고 특히 종교의 교주 행세를 하려고 (사도 행전 19장 19–25절) 무하맛의 메시지를 따르지 않았습니다. 사실상 그들은 무하맛의 유일신 사상을 공격하였습니다. 무하맛은 그들의 이 공격을 견디지를 못하였고, 마침내 어느날 타협하기로 굴복하였습니다. 마침내 어느날 그는 그들의 우상들을 인정하여 주었습니다. 그는 " 여러분들은 랕과 웆자 그리고 세번째인 마낱 및 다른 신들을 생각해 보았오? 이것들이 바로 고양되어서 그 중보가 허락된 가라닉 (가라닉은 어떤 종류의 학인데 매우 높이 나른다 이교도인 메카인들은 이 모습에 매혹되어서 그들의 여신을 이 가라닉의 모습에서 따왔다) 이오." 그의 이 말은 원래 코란 제 53장 19–23 절에 기록되어 있었습니다. 이 귀절들은 마귀귀절이라고 불리워졌습니다 왜냐하면 무하맛은 그가 굴복한 것을 마귀의 짓으로 돌리기 때문이었습니다. 그러나 후일에 무하맛은 이 귀절을 현재의 귀절로 교체하였습니다. 현재의 귀절은 이렇습니다. "랕과 웆자 그리고 또 다른 세번째 (여신) 마낱을 보았는가? 뭐라고! 너희는 남성이고 그는 여성이라고? 보라 그러한 것이 진정 가장 불공평한 구분이다! 이들은 너희가 안출해낸 이름들에 불과하다."

Thus, Muhammad succumbed to the oppression while Jesus never did; Muhammad avoided persecution while Jesus voluntarily endured it. In this way, Muhammad failed the test to prove his authenticity as God's messenger. He lost his position as God's prophet if he had ever had that. He could not stay in Mecca any longer; no one recognized him as a messenger any longer. When he succumbed to the falsehood, he should have quit his ministry.

However, he continued it by becoming a statesman. By migrating to Medina, he chose politics rather than religion. It became a turning point in his life. In fact, the Islamic calendar, which started from the year of his migration to Medina, candidly shows the true nature of Islam, which is political; Islam enlarged its territory by conquest. Muhammad used religion for his political purposes and created a theocracy— politics exploiting religion is the true identity of Islam, and Islam cannot exist apart from this world, thus its emphasis on umma, "community."

이처럼 무하맛은 압박에 굴복하였습니다. 예수님께서는 절대로 굴복지 않으셨습니다. 무하맛은 압박을 피하였습니다. 예수님께서는 자원하여 그것을 받으셨습니다. 이처럼 무하맛은 선지자임을 입증하는 시험에서 실패를 하였는데 이는 자기 말로 된 신약성경없이는 당연한 일이었습니다. 이렇게 그는 신의 선지자로서의 지위를 처음에는 유지하였는지 모르지만 잃어버렸습니다. 그는 메카에 더 이상 머물 수가 없었습니다. 아무도 그를 선지자로 인정해 주지 않았습니다. 그가 불의에 굴복하였을 때에 그는 선지자 사역을 중단하였어야만 합니다. 그러나 그는 정치가가 됨으로써 그것을 계속하였습니다. 메디나로 이주함으로써 그는 종교 대신에 정치를 선택한 것입니다. 이것은 그의 사역의 분수령이 되었습니다. 사실상 이슬람 달력이 메디나 이주를 원년으로 잡는 것은 이슬람의 본질을

솔직하게 보여줍니다. 즉 정치인 것입니다. 이것이 바로 왜 이슬람이 전쟁등 물리적 힘으로 항상 그 영토를 팽창시키지 않으면 안되는가 하는 이유입니다. 그런데 무하맛은 종교를 그의 정치에 이용하였습니다. 소위 신정정치인 것입니다. 한 마디로 종교를 악용한 정치, 이것이 이슬람의 본질인 것입니다. 이슬람은 이 세상을 떠나서는 존재할 수가 없습니다. 그래서 움마 (공동체) 를 강조하는 것입니다.

The Persian Qoresh people were the ruling and higher class on the Arabian Peninsula of Muhammad's time; the indigenous Arabians were mostly illiterate and considered to be lower class. Muhammad failed as a messenger among the Persian Qoresh people in Mecca, but he succeeded as a ruler among the indigenous Arabian people in Medina. The Persian Qoresh submitted to Islam at last too. However, the outnumbering indigenous Arabians held the scepter of Islam with the Qur'an translated from the original Qoresh language and kept it in Arabic eventually. Uthman, the third caliph, had the Persian records of Muhammad's sayings translated into Arabic. He burned all the Persian records and made the Arabic translation the official canon of Islam.

However, the ethnic differences between the Persian Qoresh and the Arabians has continually appeared in history. The Persian Muslims became the Shi'a, while the Arabian Muslims became the Sunni. The Persian Muslims have tried to find out the religiosity in Islam including Sufism, while the Arabic Muslims have emphasized the political aspect of Islam including Shari'a law. So Persian Muslims have pursued imams as their religious leaders while Arabic Muslims have pursued caliphs as their political leaders in the Islamic confederation of the world.

　　무하맛의 시대에 페르시아계 코레시 사람들은 아라비아 반도에서 지배층이요 상류계층이었습니다. 반면에, 원주민인 아랍인들은 대부분이 문맹이고 하층계층이었습니다. 무하맛은 메카에서 페르시아계 코레시 사람들 사이에서는 선지자로서 실패하였습니다. 그러나 메디나에서 아랍사람들 사이에서는 정치가로서는 성공하였습니다. 페르시아계 코레시인들도 마침내는 이슬람에 귀의하게 됩니다. 그러나 수가 월등히 많은 아랍인들이 이슬람의 주도권을 쥐게 됩니다. 코란도 원래 기록인 페르시아 코레시어에서 아랍어로 번역되어지고 또 공식적인 경전으로 선포됩니다. 제 3대 칼리프인 오스만이 코란을 아랍어로 번역하게 시키고는 다른 모든 페르시아어 기록들을 다 불태우고 아랍어 번역본을 이슬람의 공식 경전으로 삼았습니다. 그러나 페르시아계 코레시인들과 아랍인들과의 인종간의 차이는 계속남아 있어 왔습니다. 페르시아인 신자들은 시아가 되었고, 아랍인들 신자들은 수니가 되었습니다. 페르시아 시아파는 이슬람에서 종교성을 찾아보려고 수피즘등 종교성을 강조하였고 반면에 아랍인 수니들은 이슬람의 정치성을 강조하여서 샤리아법 등을 강조하였습니다. 그래서 시아들은 이맘을 그들의 종교적인 지주로 삼으려고 하는 반면에 아랍수니들은 칼리프를 그들의 정치 지도자로 삼고서 세계의 이슬람 연맹을 꿈꾸고 있습니다.

Chapter 3

THE ORIGIN OF BUDDHISM
불교의 기원

Black people, the descendants of Ham, lived on the Indian subcontinent. But Shem people, precisely speaking the children and the descendants of Gedura, Abraham's concubine, invaded the Indian subcontinent. They called themselves Arian. They made and imposed the Hindu religion on the indigenous people. Moreover, they established the caste system and ruled the black Ham people.

인도땅은 원래 검은 함 사람들이 살고 있었습니다. 그런데 셈계통의, 정확히 말하자면 아브라함의 후처 그두라의 아들들과 자손들이 스스로를 아리아라고 하면서 쳐들어 와서 힌두교라는 것을 강요하고 카스트 제도를 만들어서 원주민 현지인들을지배하기 시작하였습니다

Gautama Sakyamuni, the first Buddha, was also a Shem person. He was pained at the suffering the black indigenous people were subjected to, but because he did not know the Bible, he meditated on that without knowing Noah's blessing on Shem and his curse on Ham.

고타마 싯다르타도 셈족계통의 사람이었습니다. 그러나 감수성이 예민하였던 그는 검은 흑인천민들의 고생하는 모습을 보고서 마음에 고통을 느낍니다. 성경을 알지 못한 그는 노아의 축복과 함의저주를 알지 못하고서 혼자서 명상에 잠깁니다. 그리고 흥미있게도 성경과 유사한 결론을 얻습니다.

Black Ham's people were slaves generation after generation because of Noah's curse, but Gautama Sakyamuni concluded that the indigenous black people's sufferings were due to what they had done in their previous lives—*karma*, a conclusion close to the Bible's—the curse of Noah—and the result of past wrongs.

셈의 축복, 함의 저주에 의해서 대대로 노예생활을 해온 흑인천민들인데도 이런 사정을 성경에 의해서 구체적으로 알지 못함으로 전생의 업보 (Karma) 라고 결론을 얻은 것입니다. 성경을 알지 못한 사람치고는 매우 진리에 근접한 결론을 얻은 셈입니다. 즉, "너희가 잘못해서 현재 이 고생을 하는 것이 아니라 여러분들의 이전에 무엇인가가 있었어." 그것이 노아의 저주임에도 불구하고서 그것을 알지 못하므로 "전생에서 너희가 잘못한 탓으로 지금 이 고생을 하는 것이다. 즉, 업보karma다 업보karma."라고 가르쳤던 것입니다. 구글에 보면 karma를 다음처럼 말합니다. 즉 karma는 어떤 한

사람의 이 세상과 지난 세상에서의 존재의 상태에 대한 행동의 총체인데 그것이 미래에 대한 그들의 운명을 결정짓는 것으로 보여진다.

In Japan, there is a picture of Gautama Sakyamuni on his deathbed surrounded by his white Shem disciples and black Ham disciples. White disciples, those who were from the upper class, called themselves Mahayana Buddhists. This concept of a "big raft," a name for the upper class, spread to China, Korea, and Japan, and to the countries of the white Shem people. The black disciples called themselves Hinayana Buddhism, which means "the small raft." It spread to Southeast Asians, who were also black because of having mixed with Ham people.

일본에 가면 부처의 임종시를 그린 그림이 있습니다. 거기에 보면 우는 제자들 중 절반은 희고 반은 검습니다. 고타마 싣다르타의 제자중에는 이처럼 흰 셈계통의 사람들과 즉 아리안들과 검은 흑인 함계통의 사람들이 있었습니다. 이 중에서 흰 제자 즉 지배층 출신들은 대승불교라하여서 역시 흰 중국과 한국 그리고 일본으로 전파하였고, 검은 흑인들은 소승불교라 하여서 역시 검은 동남아시아로 전파하였습니다

Chapter 4

THE RELATIONSHIPS AMONG CARBON DIOXIDE, EARTHQUAKES, VOLCANOES, TORNADOS, AND HURRICANES

이산화 탄소와 지진, 화산과의 관계

Humans have produced massive amounts of carbon dioxide. Once produced, CO_2 disappears only when it is absorbed by plants and changed into oxygen by the process of photosynthesis. When this CO_2 is melted in water, it becomes acid. The foundation of the land is salt. In chemistry, the periodic table says that chemicals on the left-hand column are all salt. It is meaningful in that the basis of the land is salt.

인류는 많은 이산화탄소를 방출해 왔습니다. 이 이산화탄소는 저절로는 없어지지 않습니다. 오직 식물 속으로 흡수되어서 광합성 작용에 의해서 산소로 바꾸는 방법밖에는 없습니다. 이 이산화탄소가 물에

녹으면 산 (acid) 이 됩니다. 땅의 기반은 소금입니다. 화학 주기율표에 보면 가장 왼쪽 칼럼은 전부 소금입니다. 이것은 육지의 기반이 소금인 것과 연결을 갖으면서 의미가 심장합니다.

Humans produce CO_2 mainly through car emissions. This CO_2 gas melts into the water and becomes H_2CO_3, which goes into the earth where sulfur fire heats it. The H_2CO_3 changes again into CO_2 gas and steam, and the gas explodes and causes earthquakes. Volcanoes happen when CO_2 erupts from underground.

인류는 주로 차량매연을 통해서 이산화탄소가스를 방출합니다. 이 이산화탄소 가스는 물에 녹아서H_2CO_3가 됩니다. 이H_2CO_3는 땅밑으로 흘러 들어 갑니다. 그리고 땅속의 유황불이 이H_2CO_3를 데웁니다. 그러면H_2CO_3는 다시 이산화탄소와 수증기로 변합니다. 이때에 가스가 폭발하며 그때 일어나는 가스폭발은 땅을 흔듭니다 이것이 지진입니다. 만일에 이 가스폭발이 마침내 땅을 뚫고 분출한다면 그것이 화산입니다.

$$CO_2 + H_2O = H_2CO_3 \text{ (Carbonic acid)}$$
$$H_2CO_3 + \text{sulfur fire} = CO_2 + H_2O$$

Oxygen, which is produced by plants, moves; that is the basis of wind. While it moves, if it meets with carbon dioxide, it spins and creates tornados and hurricanes.

식물에서 생성된 산소는 이동을 합니다. 이것이 바람입니다. 그런데 이동하는 과정에서 이산화탄소를 만나면 회전을 합니다. 이것이 토네이도요 또한 태풍입니다.

Chapter 5

YEON GAESOMUN

연 개소문

The name Yeon Gaesomun is the written form of Yeon Geosennim in the Idu method of writing. That is, people wrote Yeon Gaesomun using Chinese letters because the letters have sounds similar to those in Yeon Geosennim. Thus, Gaesomun does not have any meaning; it is used simply to express Yeon Geosennim, the Idu method.

Yeon Gaesomun was Korean, not Chinese. China tries to deny that Kokuryeo belonged to Korea, so, the tomb of King Jangsu is a thorn in its flesh. In AD 7, Manchuria was occupied by the country named Goguryeo, which belonged to Korea, and King Jangsu's tomb, which is in Manchuria, proves that.

China wants the tomb of King Jangsu destroyed. The Chinese even set up stairs on the top of the tomb so that the weight of people crossing it would collapse it.

Koreans have to keep King Jangsu's tomb from being destroyed by a Chinese plot. And the Manchurian and

Lyaotung Peninsulas belong to Korea as well as Susima Island, which the Japanese claim.

연 개소문은 이두 문자로서 연 거센님의 이두식 표기였습니다. 즉 연 거센님을 그 소리와 비슷한 한자를 이용하여서 연 개소문으로 기록한 것입니다. 즉 개소문에는 아무 뜻이 없습니다. 이것을 이두라고 합니다. 그러므로 우리 민족 사람이었습니다, 중국사람이 아니었습니다. 주후 7세기에 만주는 고구려 땅이었고, 만주 깊숙이 있는 장수왕의 무덤인 장군총은 이것을 증거합니다. 중국은 고구려가 우리 민족임을 부인하려고 눈의 가시인 장수왕의 무덤을 빨리 자연도태 시키려고 무덤 위 까지 계단을 놓아서 사람들이 올라가 발로 밟을 수있게 해 놓았습니다. 우리는 장수왕의 무덤을 보존하는 시도를 해야만 합니다. 그래서 중국인들의 의도대로 명목상 자연도태 되는 것을 막아야만 합니다. 그리고 만주와 랴오뚱 반도는 한국 땅으로 귀속되어야만 합니다. 그리고 대마도도 한국 땅으로 되돌아 와야만 합니다.